SITUATION

DU CABINET.

SITUATION

DU CABINET,

PAR

M. ÉVARISTE BAVOUX.

PARIS,

IMPRIMERIE DE A. FRANÇOIS ET COMP°,

RUE DU PETIT-CARREAU, N° 32.

—

1845.

SITUATION

DU CABINET.

Un fait grave se passe aujourd'hui : la persistance du cabinet à garder le pouvoir. Ce fait, examinons-le froidement, impartialement, non pas au point de vue d'un parti, mais au point de vue politique et constitutionnel.

Nous croyons d'abord l'existence du ministère en quelque sorte désintéressée dans cette question : car, volontaire ou non, sa retraite nous semble certaine à une date plus ou moins prochaine ; ce n'est plus à nos yeux une question de système, c'est une simple question de calendrier. Nous trouvons sa situation parfaitement définie par ce mot que l'on prête à un homme politique éminent : « *C'est un lièvre qui a reçu du plomb, il tombera à 50 ou 100 pas, mais il tombera bientôt.* » Le pronostic nous semble à peu près infaillible. Ce n'est donc pas sa durée qui nous préoccupe beaucoup, c'est une pensée plus haute, c'est le soin du gouvernement représentatif, blessé par sa conduite en cette circonstance, comme dans toutes celles qui l'ont précédée.

Au surplus, que le ministère veuille rester jusqu'à ce qu'il soit numériquement renversé, ou qu'il se retire volontairement, peu importe : il pouvait honorablement quitter les affaires après le vote du 27 janvier sur l'adresse : c'eût été un hommage rendu aux principes conditionnels, plus fidèlement observés en pareille occurrence par le ministère du 15 avril, auquel, en d'autres temps, M. le ministre des affaires étrangères actuel reprochait si sévèrement de les méconnaître. Le rapprochement mathématique de ces deux situations n'a même pas été assez remarqué peut-être comme la preuve de l'une des contradictions flagrantes entre les paroles et les actes de M. Guizot aux diverses époques de sa vie. Au milieu de tous les reproches que du sein de la coalition, il adressait, avec une véhémence dont personne n'a perdu le souvenir, au cabinet dont M. le comte Molé était le chef, éclatait celui d'abaisser la politique de la France au dehors; et au dedans de découvrir la royauté, de n'être pas parlementaire. Après avoir pendant trois ans, relevé, comme chacun sait, la dignité de notre nom vis-à-vis des puissances étrangères, M. Guizot, dans la question du traité de Tanger, s'abrite derrière le nom d'un prince estimé de tous et résisté à un vote de la Chambre, identique à celui devant lequel un ministère, imparlementaire aux yeux de M. Guizot, a instantanément déposé sa démission.

Ce souvenir, comme tant d'autres, ne frappe-t-il pas d'inconséquence? plus que cela, d'impuissance un prétendu système qui, avant de faire respecter le pays aux destinées duquel il préside, ne sait même pas se respecter lui-même.

Mais enfin, puisque l'administration qui nous gouverne encore, n'a pas trouvé le vote du 27 janvier assez significatif, cherchons la vérité politique, au milieu de cette confusion que le ministère du 29 octobre s'est efforcé dès sa naissance de créer autour de lui, n'espérant et n'ayant en effet obtenu son salut jusqu'à ce jour que de l'incertitude dans laquelle il a égaré les consciences timides.

Depuis son avènement, le ministère actuel n'a vécu que d'expédients, au jour le jour, trichant avec la chambre dans chaque discussion; cette conduite me semble très exactement indiquée par une comparaison très ingénieuse employée un jour par M. le duc d'Orléans dans une conversation dont il honora l'auteur de cet article : « Les ministres, disait-il, dans » chaque question ne me paraissent avoir qu'une pensée, celle de l'éluder » de ne s'expliquer sur aucune, d'arriver vivants au terme de la session : ils » ressemblent à ces enfants qui dans un salon *jouent au petit bonhomme* » *vit encore*; pourvu que la question ne meure pas entre leurs mains, et » ne leur fasse pas perdre la partie, ils sont satisfaits et continuent leur » jeu. » Ce jeu là peut être en effet assez agréable pour des enfants, mais ce n'est pas celui de la grande organisation constitutionnelle, dont le mécanisme, à ce jeu, s'use et se détériore. Ce n'est pas ainsi que doivent fonctionner les ressorts politiques d'un gouvernement qui, dirigé de cette sorte, se déconsidère et se ruine. Si l'administration dont M. le ministre des affaires extérieures est l'âme, oublie des principes dont il s'est souvent et si longtemps montré le partisan *verbal*, il importe de les lui rappeler; et si l'abandon graduel de la politique ministérielle, dont le chiffre, toujours décroissant de la majorité parlementaire, est à nos yeux le symptôme manifeste, ne suffit pas à l'éclairer sur sa situation, elle peut, je crois, lui être assez facilement expliquée. Les allures politiques du cabinet, depuis sa formation, nous paraissent en désaccord permanent avec les lois du régime constitutionnel, et c'est sur cette observation surtout que nous appelons l'attention des hommes sérieux. Inutilement, en effet, l'opinion publique s'inquiéterait-elle de l'existence plus ou moins éphémère de tel ou tel ministère : ce qui doit vraiment exciter cette inquiétude, c'est le maintien des principes organisateurs de notre gouvernement ; c'est à la garde de ce précieux dépôt que nous devons tous veiller avec sollicitude.

La politique inaugurée par le ministère de M. Guizot est née d'une source vicieuse ; l'ambassadeur, associé à des événemens graves comme ceux d'Orient à cette époque, devait ou refuser son concours au ministère du 1er mars, s'il n'approuvait pas sa marche, ou ne pas lui succéder pour introniser une politique nouvelle si la politique suivie jusqu'alors lui convenait ; et elle lui convenait en effet puisque, dans le haut poste où il était placé, il imprimait personnellement le mouvement à la marche adoptée. Je sais bien que, constitutionnellement, le ministre seul dirigeait ; mais, il n'en est pas moins vrai que, moralement et même politiquement, l'ambassadeur était ici solidaire des actes accomplis et qu'il ne pouvait pas honorablement, du jour au lendemain, arborer tout-à-coup l'étendard de la paix, de cette même main qui, la veille, brandissait le glaive de la guerre. Il y avait évidemment pour l'ambassadeur, conseiller et organe du ministre, embarras à lui succéder pour proclamer le désaveu de ses propres conseils : cette position embarrassante et embarrassée, il appartenait au courage de M. Guizot de l'accepter bravement, et d'opérer, en cette circonstance, comme en tant d'autres, une subite conversion. Cette conversion était menacée d'un assez médiocre accueil devant les colléges électoraux, convoqués alors, lorsque le ministre dirigeant, dans une humilité qui faisait plus d'honneur à sa modestie qu'à sa foi politique, fit circuler parmi toutes les canditatures de son choix, le mot d'ordre : *désaveu* ; mot d'ordre qui allait devenir celui de toute sa politique. Aucun de ses amis alors ne reconnut son drapeau : partout ses partisans les plus ardents avaient la consigne de désavouer, et désavouaient en effet leurs sympathies ministérielles : il paraît que l'un des principes de cette sainte église condamnait ses disciples à la renier au moins une fois. Cette épreuve servirait du moins d'avertissement aux électeurs dans l'hypothèse où le ministère obtiendrait la mission périlleuse d'élections nouvelles.

Au surplus, celles de 1842 n'avaient pas bien avantageusement répondu à un procédé assez équivoque et peu digne d'un homme d'état : pour le dire en passant, c'est un mode électoral aussi peu constitutionnel que peu sincère : la pensée de la constitution dans ses appels aux colléges électoraux est d'interroger le pays sincèrement, loyalement sur ses convictions : approuve-t-il, n'approuve-t-il pas la politique ministérielle ? Voilà la cause et le but des élections ; pour l'atteindre, il faut donc lui déférer franchement, loyalement cette question à laquelle il répond par des choix favorables ou hostiles au ministère. C'est là le mécanisme du gouvernement représentatif dans sa sincérité, je dirai même dans sa grandeur.

L'arrêt ne semblait pas donner gain de cause au système douteux alors du cabinet, lorsque le lendemain même de la lutte, une affreuse catastrophe vint jeter le deuil dans toute la France et détourner les esprits de toute discussion : une tendance instinctive les entraînait tous à se presser autour du gouvernement ébranlé par la perte de l'une de ses plus populaires espérances.

Cette préoccupation générale sauva le ministère.

Depuis lors il n'a continué à vivre, comme il avait commencé, qu'à l'aide de subterfuges, employés du reste avec une habileté qui a fait briller la capacité de M. le Président réel du cabinet, sous un jour tout nouveau. Sans entrer ici dans une énumération fastidieuse de tous ses actes, je signalerai l'un des principaux, le traité du droit de visite. Chacun se rappelle la complaisance avec laquelle M. le ministre des affaires étrangères, cédant aux usurpations maritimes de l'Angleterre, avait non seulement accepté les traités de 1831 et 1833, mais les avait encore aggravés, au point de consacrer notre déchéance définitive : il se présentait à la chambre, engagé par sa signature au bas d'un traité nouveau. « Le doute,
» l'hésitation, disait-il, n'étaient pas permis en présence d'un engagement
» d'honneur, contracté au nom de la France par son gouvernement. Les
» dispositions en elles-mêmes étaient strictement conformes aux intérêts
» et à la dignité réciproques des deux pays, le refus de sanction était im-
» possible, déshonorant, la pensée d'un retour quelconque sur cet acte
» consommé par la diplomatie ne pouvait qu'aboutir à *une faiblesse*
» ou à *une folie*; c'était une rupture, c'était la guerre, la guerre iné-
» vitable. »

Malgré toute cette pompeuse fantasmagorie, fastueusement étalée par la peur qui voulait en effet cacher sa *faiblesse*; malgré l'intérêt vital de cette question pour la marine anglaise qui, sous les apparences d'un sentiment négrophile, cachait celui de sa suprématie sur les mers ; malgré les dispositions pacifiques de la chambre ; malgré ses légitimes et fortes sympathies pour l'alliance anglaise, elle ne crut pas cependant pouvoir laisser descendre à ce degré d'*abaissement* notre humilité ; et, avec une noble unanimité, la chambre tout entière se leva contre le cabinet, seul en présence de l'assemblée, unie pour la *première* fois peut-être , dans un même sentiment de dignité outragée.

Cette protestation unanime de la représentation nationale était de nature à écraser sous la honte le ministère qui en était frappé. La retraite était honorablement forcée : son honneur, l'intérêt même de la décision parlementaire, la déférence la plus vulgaire aux règles constitutionnelles, l'exigeaient impérieusement : Il resta ; il resta, lui, approbateur du traité, pour en démontrer les vices ; lui signataire, pour retirer sa signature ; pour défendre les motifs de la chambre, lui qui les avait combattus ; pour dire à une nation étrangère que la nôtre avait raison, lui qui avait proclamé tout haut qu'elle avait tort. Quelle autorité pouvaient avoir ses paroles, lorsqu'il parlait au nom de la France, lui qui avait si énergiquement lutté contre les convictions françaises? Aussi qu'arriva-t-il ? quel fut le résultat de cette situation fausse, imparlementaire, impolitique? C'est que les efforts de la chambre trouvant dans un ministre, dissident avec elle, un organe impuissant, si ce n'est infidèle, vinrent pendant longtemps échouer devant l'immobilité britannique. Les vœux itérativement répétés de la chambre élective et de la chambre des Pairs dégénéraient, comme le vœu sur la nationalité polonaise, ou comme celui de la conversion des rentes, en une stérile et annuelle phraséologie qui déconsidère le pouvoir parlementaire en le frappant d'impuissance.

Jusqu'à présent les mœurs législatives commandaient la considération pour les volontés des Chambres, exprimées avec la plus respectueuse réserve : la modération du langage était le prix de la déférence à leurs vœux. Au nouveau régime que les ministres semblent adopter, l'urbanité disparaît, pour faire place à la rudesse des formes, à la violence des attaques, à une sorte de pugilat entre les pouvoirs. Il faudra désormais que les Chambres, pour obtenir l'exécution d'une volonté, redoublent d'énergie dans son expression, frappent à coups redoublés pour infliger à un cabinet leur blâme ; il faudra qu'elles poussent en quelque sorte par les épaules un ministère qui, perdant tout sentiment de dignité politique, ne saurait battre honorablement en retraite.

C'est ainsi que, de procédés en procédés vicieux, on en viendrait à vicier le gouvernement représentatif ; c'est ainsi, dans la question spéciale du droit de visite, qu'on en est venu à compromettre l'autorité de la parole parlementaire par la temporisation, temporisation périlleuse dans une semblable discussion avec une puissance étrangère, car elle pouvait aboutir ou à décourager le parlement et l'amener à se taire par découragement, ou au contraire à le forcer de renouveler avec instance ses protestations et l'expression de sa volonté ; double alternative également dangereuse, puisque l'une pouvait produire la déconsidération du pouvoir législatif en le conduisant insensiblement et par lassitude à une sorte de rétractation tacite ; l'autre pouvait créer les embarras les plus graves en semant l'irritation dans un débat sans cesse renaissant.

C'est ainsi qu'en cette circonstance apparaît dans toute sa clarté la faute d'avoir confié à un mandataire un mandat contraire à ses convictions. Dans la conversation dont j'ai parlé avec M. le duc d'Orléans, ce prince, à propos des affaires d'Afrique, craignant de voir les destinées de ce pays remises aux mains d'un chef qui ne croyait pas à son avenir, me disait que « ce choix lui paraissait aussi malheureux que celui d'un athée pour dire la messe. » Observation fort juste qui trouve son application journalière dans la vie politique, où l'une des plus grandes fautes est de confier l'exécution d'une mesure à l'un de ses adversaires. C'est nuire à l'exécution spéciale, comme à l'ensemble du système ; c'est déconsidérer le pouvoir qui a pris la décision et celui qui est chargé de l'exécuter ; c'est déconsidérer à la fois tous les pouvoirs, car ils sont tous, qu'on ne s'y trompe pas, solidaires les uns des autres, et la blessure dont l'un souffre affaiblit l'autre.

Je sais bien que les ministres se préoccupent peu de ces conséquences ; ce qui les touche, ce sont les soins de leur propre existence. Je n'irai pas jusqu'à penser que ce sentiment de leur conservation leur soit inspiré par le simple et étroit égoïsme des joies de la grandeur ; quelques-uns sans doute n'éprouvent d'autre satisfaction que celle d'un amour-propre assez vulgaire ; ils ne trouvent dans le ministère d'autre jouissance que celle d'être ministres, et d'autre désir que celui de l'être longtemps. Mais si des esprits médiocres ne voient dans ce poste d'honneur que les avantages de l'hôtel et du traitement, il est des esprits plus élevés qui ressentent de plus généreuses influences, et si le pouvoir a de vulgaires adorateurs, il compte aussi de nobles amants. Ceux-là sont séduits par un plus éclatant prestige ; ils sont plus excusables dans leurs hommages, je dirai même dans leurs faiblesses. Ce qui les charme dans le pouvoir, c'est l'application pratique de leurs théories, c'est l'exercice d'une grande autorité, c'est l'étendue de l'horizon politique, vaste, au-dessus du pays qu'ils gouvernent et au-delà même de ses limites dans ses contacts avec les autres nations ; ce qui les charme dans le pouvoir, c'est la lutte même, c'est le triomphe de leurs idées dans les débats solennels du parlement. Cette séduction est assurément fort brillante, cette ambition fort noble, et nous avouerons avec loyauté que c'est celle-là qui appartient, nous en sommes convaincu, à M. le ministre des affaires étrangères. Nous sommes trop heureux d'honorer en lui un aussi remarquable adversaire, pour ne pas lui rendre avec bonheur cette justice. Elle nous est facile et douce, lorsque nous savons que, fidèle à ses précédents, au sortir des grandeurs ministérielles, il rentre, moderne Cincinnatus, sans faste, sans appareil, dans la simplicité de la vie privée, recueillie, laborieuse, solitaire, sans autre cortége que celui de ses amis, de ses souvenirs et de ses pensées, mais entouré dans cette existence si modeste, il faut le dire, de l'auréole brillante de sa grandeur passée et de son talent. Cet hommage, nous le lui rendons avec joie, car c'en est une de proclamer tout haut son estime, son admiration pour une honorable intégrité : la discussion y gagne en élévation comme en sincérité.

Mais cette ambition, pour être noble, en est-elle moins dangereuse et moins aveugle? Le conquérant, pour assouvir une grande et ardente passion n'entraîne-t-il pas à sa suite les désastres et la ruine ? Si elle est excusable dans son principe, elle n'en est pas moins redoutable dans ses effets. Telle nous la voyons dans le ministre qui personnifie, lui tout seul, le ministère entier. Il a soif du pouvoir; pour le conquérir, quand il ne l'a pas, il emploie tour à tour le silence ou la parole, l'approbation ou le blâme, moins au gré de ses convictions que de ses désirs; s'il engage la lutte, chacun s'en souvient, il s'agite et s'exalte, il sonne le branle-bas du combat, soulève la tempête, se jette à corps perdu dans la mêlée, monte à l'abordage, épuise ses forces sans jamais épuiser son courage, et ne prend de repos que lorsqu'il a arraché aux mains de ses adversaires, qu'il traite en ennemis, l'oriflamme du vainqueur, le maroquin ministériel.

Après la victoire, sa pensée ne l'abandonne pas; hier, adorateur passionné, il devient aujourd'hui amant fidèle, et s'attache par la possession. Pour conserver sa conquête, il met au service de sa passion toutes les capitulations d'une conscience tourmentée, toutes les ressources d'un talent grandi par la lutte. C'est ainsi qu'il arrive à ce degré de fanatisme qui ne lui permet plus de discerner les contradictions qu'il sème autour de lui : il combat à outrance *pro aris et focis*. Il pratique aujourd'hui ce qu'il combattait hier avec violence : cette soumission, cette abdication, cet abaissement continu qui jadis soulevaient sa colère, ne trouvent-ils pas en lui un complaisant continuateur? Ne se charge-t-il pas du soin d'absoudre ses prédécesseurs, par une imitation servile, des reproches dont il les accablait avec une si *libérale* prodigalité? Dira-t-il que la situation n'est pas la même, que ce système d'abaissement dont il se plaignait il ne l'a pas suivi? Voyons, comptons avec lui.

Du sein de la coalition, M. Guizot jetait des torrents d'éloquence et d'indignation sur le ministère du 15 avril, ministère odieux.... à M. Guizot, puisque lui, M. Guizot, n'en faisait point partie. Ce ministère soulevait

donc sa patriotique fureur; il l'accusait, tout le monde s'en souvient:
1° d'être imparlementaire; 2° d'être faible vis-à-vis de l'étranger, d'abaisser la politique de la France. Voilà bien les deux principaux griefs de M. Guizot vis-à-vis de M. Molé.

Examinons si sa conduite, depuis qu'il a conquis, arraché le pouvoir, l'autorisait bien à tenir consciencieusement un pareil langage.

§ Ier. Situation fut-elle jamais plus imparlementaire que celle du ministère actuel?

La dernière session, par exemple, s'ouvre comme d'habitude, par la discussion de l'adresse; hautain, intrépide, affectant une démarche assurée, il apparaissait devant la chambre, au son du canon de Tanger, le front ceint de lauriers inaccoutumés, conquérant passager de Mogador, vainqueur pseudonyme d'Isly, vengeur apparent de notre honneur à Maroc, pacificateur empressé de nos querelles extérieures : il croyait éblouir la chambre par l'éclatant prestige dont il espérait paraître environné; ses amis, satellites de cet astre brillant, lui faisaient un pompeux cortége, tressaient déjà des couronnes, déjà préparaient une ovation triomphale; déjà ils étaient prêts à s'écrier : montons au capitole et rendons grâces aux dieux!

Hélas! il n'en fut rien. Pas de triomphes, pas de chants d'allégresse.

La divinité de ces nouveaux païens est méconnue; elle ne trouve presque partout qu'incrédulité, athéisme, ingratitude ; au lieu de triomphe, c'est le combat, la lutte. Le héros éblouissant de gloire dans l'intervalle de la session, se trouble à cet accueil; au premier pas il trébuche, il chancelle. Soutenu par les acclamations douteuses d'une majorité *absolue...* de voix il devient humble, incertain. L'incertitude pour lui dans cette position, n'était vraiment pas permise : il n'y avait qu'un parti à prendre, celui de l'abdication. Il y a des nécessités auxquelles ne peut se soustraire aucun talent, aucune puissance : l'une des plus impérieuses, dans notre gouvernement représentatif, est celle de la retraite, dans le cas d'insuffisance d'une majorité, sans laquelle il est impossible de gouverner.

C'est ce qui arrive à M. Guizot depuis sa persistance à garder le pouvoir pouvoir énervé, paralysé dans ses mains.

Qu'est-il advenu de cette persévérance *imparlementaire* au premier, chef?

C'est que pour se maintenir dans une situation disputée, il a dû employer tous les expédients; pour conserver et grossir, s'il était possible, l'effectif si faible de ses cadres, il a dû, non plus s'exposer à des batailles rangées que la faiblesse de son corps d'armée ne lui permettait pas d'affronter, mais recourir à toutes les capitulations, et elles ne sont pas toutes honorables. Désespérant de vivre, il s'est contenté de ne pas mourir, et depuis lors il se traîne dans une lente agonie. Mais malheureusement la vie constitutionnelle ne comporte pas ces ménagements; il lui faut, à elle, un tempérament énergique, vigoureux; il lui faut la lutte animée, franche, décisive.

A ce régime, le ministère du 29 octobre, ébranlé, compromis, en a substitué un autre : l'inaction. L'inaction politique, l'inaction à la surface; car s'il n'a pas osé faire un mouvement dans la direction politique, s'il a évité toutes les discussions, éludé toutes les questions portées à la tribune, il a ménagé ses forces pour toutes les démarches secrètes, clandestines : toute son habileté s'est employée, toute son activité s'est dépensée dans ces explorations souterraines des consciences parlementaires.Voilà comment il entend la vie parlementaire.

N'osant plus se défendre par les principes, il se défend par les capitulations privées; dans quelques questions débattues devant la chambre, chacun l'a vu, on ne l'a pas oublié, transigeant avec celui-ci, marchandant avec celui-là, supputant une voix, deux voix, qu'il savait mathématiquement indispensables au chiffre rigoureux de sa majorité. C'est ainsi que depuis le vote inusité sur l'adresse, il s'est traîné languissant, moribond à côté de toutes les questions. La question des incompatibi ités soulevée par l'honorable M. de Rémusat, trouve d'abord dans le cabinet, au sein des bureaux de la chambre, une opposition déterminée; tout semble indiquer qu'elle va rencontrer un adversaire convaincu. Pas du tout. A la tribune, lorsqu'elle y est portée, le ministère déserte et déclare ne pas s'opposer à la prise en considération. La question de la conversion des rentes, déjà tant de fois adoptée par la chambre, repoussée d'abord par le ministère, est bientôt acceptée silencieusement par lui, sous réserve tacite de la faire de nouveau échouer devant l'autre chambre. C'est ainsi que dans toutes les discussions où il désespérait des quelques recrues indispensables à sa majorité, il fuyait le débat; ne pouvant se sauver à la nage, il mettait la tête sous l'eau pour échapper aux coups des assaillants. Étrange conduite, étrange procédé de la part d'un homme qui portait si haut la tête et proclamait si haut la dignité parlementaire!

La dignité parlementaire s'accommode mal en effet de ce régime; il la détruit dans son germe : les mœurs publiques, altérées dans leur source, dégénèrent, se détériorent, se perdent; de la chambre, la corruption s'échappe et se communique au pays; le mal fait invasion partout, partout la corruption gagne et pénètre; les principes s'oublient, les institutions se ruinent, la foi politique meurt; tout marche à la déchéance morale. Tristes fruits d'un déplorable système !

Ce système se croit habile, parce qu'il survit jour par jour aux timides épreuves du scrutin ; profond, parce qu'il emploie des manœuvres ténébreuses. L'unique préoccupation du ministère, ce n'est pas de gouverner selon les inspirations de telle ou telle pensée politique, c'est de gagner quelques voix par des séductions, des menaces, en présentant à l'un l'espérance d'une place, à l'autre la perspective d'une destitution. Il ne s'aperçoit pas qu'avec ce procédé il dégrade celui qu'il acquiert, il élève celui qu'il a cru disgracier, et il humilie le système représentatif tout entier. Mais il en résulte un mal pour les auteurs même de ce procédé : c'est qu'en soulevant ainsi à leur profit les intérêts privés, ils les rendent insatiables et se créent à eux-mêmes une tyrannie toujours croissante : chaque vote ainsi acquis devient onéreux ; chaque complaisance, affamée.

Il en résulte que le ministère, au lieu de gouverner, est lui-même gouverné, asservi par les exigences individuelles : l'administration est déplacée, elle n'est plus dans les conseils de la couronne, elle est toute dans la chambre. « Le pouvoir, disait dernièrement l'un des membres les plus modérés de l'opposition, M. Vivien (1), le pouvoir central cède, obéit; ennemi du progrès et partout sans crédit sur les masses, ne pouvant en appeler aux sentiments généreux qui le condamnent, il cède à la tendance des intérêts privés ; l'égoïsme commande et entraîne. Ainsi s'explique comment l'administration actuelle est fatalement emportée à la suite des influences particulières. » Sur cette pente, il n'est plus permis de s'arrêter ; on marche au hasard, sans direction déterminée, sans but et sans drapeau; tout est confusion , anarchie. L'administration devient impossible ; tous ses choix sont violentés par les réclamations individuelles : les fonctions municipales, les nominations à un simple bureau de bienfaisance n'ont d'autre origine que l'influence politique : les influences personnelles, les intérêts privés se groupent, se coalisent et s'emparent des avenues du pouvoir; les administrations départementales, les préfectures et les sous-préfectures se voient enlever par des considérations politiques toutes leurs attributions , toute leur autorité : l'administration supérieure, l'administration à tous les degrés se dénature et s'affaiblit par cette altération chronique de l'organisation administrative. Pour vivre, le ministère se met à la merci des députés, et les députés pour assurer leur réélection , compromise par leur dévouement au ministère, cherchent à répandre dans leur arrondissement les

---

(1) Séance du 12 juin.

faveurs ministérielles. C'est ainsi que, par un échange mutuel de consciences faciles, on en vient à faire du parlement un véritable marché, un bazar à l'encan. C'est à qui dans ce pillage général, obtiendra pour son clocher une souscription, une réparation, un tableau, eût-il pour sujet, par une coïncidence assez opportune, l'indignation divine *chassant les marchands du Temple*; c'est à qui pourra obtenir pour sa localité le plus de croix d'honneur, le plus de rails de chemin de fer, le plus de libéralités, méritées ou non ; l'humanité elle-même, le croirait-on, l'humanité est subordonnée dans ce pêle-mêle de toutes les mauvaises passions, au contrôle politique, et les hospices, ces asiles sacrés de la misère et de la souffrance, sont admis ou non sur la liste des subventions, selon que le député de l'arrondissement où ils sont situés est favorable ou contraire au ministère !

C'est ainsi que d'égarements en égarements, le pouvoir en est venu à perdre la notion de tous les sentimens honnêtes, à détourner de leur destination ces distributions de secours aux infortunes les plus touchantes ! Dispensateur partial et infidèle des deniers de l'Etat, il gaspille les trésors et l'honneur de la France. Il la mène à la démoralisation, au suicide politique. Ce gouvernement représentatif, si grand, si vrai dans ses inspirations nationales, si franc dans ses allures, si fidèle écho des vœux et des pensées du pays; ce gouvernement représentatif, si digne d'une nation civilisée, libre, éclairée, sous cette impulsion honteuse, s'égare dans de fausses voies et court à sa perte. Les fautes du ministère en sont venues à ce point aujourd'hui, que la résistance à ses tendances n'est plus inspirée par telle ou telle conviction politique ; mais par un simple sentiment d'honneur; il blesse à ce point toutes les nobles émotions de ce pays éminemment généreux, que bientôt il trouvera pour adversaires tous les hommes honnêtes sans acception d'opinions politiques. Viennent les élections, et il verra, je l'espère, la conscience publique soulevée contre lui, répudiant ses doctrines, protestant contre ces moyens de corruption essayés sur le corps électoral, contre ces tentatives d'*élection à l'anglaise*, d'élections vénales, brutales, tentatives antipathiques à l'urbanité, à la délicatesse de nos mœurs, procédés vicieux qui font depuis quelque temps le succès et qui amèneront inévitablement la chute et l'expulsion du ministère le plus *imparlementaire* qui ait siégé au Parlement depuis 1830.

§ 2. — **Sa faiblesse vis-à-vis de l'étranger n'a-t-elle pas abaissé jusqu'à l'humilité la polititique extérieure de la France ?**

A son avénement, M. Guizot n'a-t-il pas commencé par subir la loi hautaine de l'Angleterre? Exclue du concert européen par l'Angleterre, la

France frémissait d'indignation : l'ambassadeur qui avait soufflé au cœur de la France cette indignation, passant au ministère, paraît ressentir l'outrage ; il déclare vouloir du moins rester dans l'isolement dont il proclamait alors les avantages. Il annonçait vouloir attendre. Cette contenance, qu'il disait fière, était assurément bien modérée ; c'était celle d'un homme qui, insulté, se contente du silence pour toute réponse à l'insulte, pour toute manifestation de son mécontentement : c'était, on en conviendra, une grande réserve. Cette simple manifestation ne put même pas durer. Il désirait un rapprochement avec l'Angleterre ; ce rapprochement, il ne put l'obtenir, lui insulté, qu'à la condition d'une concession. Cette concession, ce fut le traité du droit de visite. Nous avons dit l'aveuglement étrange avec lequel notre principal ministre, privé, on l'a souvent remarqué, du sens national, se jeta tête baissée sous la domination altière de l'Angleterre : insulté, il ne se souvient de l'insulte que pour demander en suppliant l'oubli de l'éloignement qu'il avait paru vouloir adopter : et il ose compter sur l'assentiment de la Chambre pour ratifier son inqualifiable soumission !

Et après le refus solennel du Parlement de s'associer à un semblable sacrifice de notre dignité nationale, il ose continuer à représenter en qualité de ministre, notre nation vis-à-vis des nations étrangères ! Je ne crains pas de dire que cette situation est l'interversion de tous les principes constitutionnels, qu'elle blesse toutes les convenances parlementaires et diplomatiques. Qu'en est-il résulté ? C'est que l'injonction exprimée une première fois par la chambre élective, a dû l'être une seconde, puis une troisième par les deux chambres. Cette prétendue rupture, cette prétendue imminence de guerre prête à faire explosion sur le vote du parlement, a-t-elle en effet éclaté ? Non sans doute, car à côté d'un ministère inhabile, maladroit, compromettant, il y a des deux côtés du détroit, deux nations qui s'estiment, et qui savent que la première condition, le premier gage de l'estime réciproque et de la paix, c'est la réciprocité des procédés. Nous n'avons donc pas eu la guerre, parce que l'Angleterre ne la veut pas plus que nous, parce que, si ses prétentions croissent tout naturellement en raison inverse de la faiblesse de notre gouvernement, elle sait pourtant respecter une grande nation dans l'expression légitime et modérée de ses droits et de son honneur ; elle sait qu'il est des limites au-delà desquelles il n'est pas prudent d'acculer la patience, la longanimité de l'être le plus faible et le plus débonnaire. Mais si elle n'était pas assez aveugle pour ne pas voir le danger d'un éclat, elle était assez habile pour comprendre toutes les ressources mystérieuses de la diplomatie avec des diplomates aussi timorés que les nôtres, avocats d'ailleurs acquis à sa cause, qu'ils avaient plaidée avec chaleur, avec éloquence en plein parlement français. C'était à peu près la situation de cet heureux avocat qui, sur l'éloquente plaidoirie de son adversaire, renonçait à la parole : son adversaire s'était trompé de dossier et avait plaidé contre son propre client. Ainsi de M. le *ministre* actuel *des affaires étrangères* ; avec cette différence que ce n'est point une erreur de sa part, et que s'il plaide si bien les *affaires de l'étranger*, c'est un système organisé de sa politique et non pas un accident.

L'Angleterre devait donc, en cédant aux réclamations énergiques de la France, chercher par la diplomatie, à tirer parti des dispositions si connues du cabinet français, c'est ce qui s'est réalisé dans la convention du 29 mai ; elle ne pouvait que se ressentir de son origine vicieuse ; le ministre qui avait hardiment nié d'abord à la tribune l'existence même du traité de 1841, qui, forcé ensuite de l'avouer par suite des divulgations précises de l'opposition, en avait proclamé l'utilité, la sagesse ; le ministre qui avait déclaré tout haut l'impossibilité absolue d'un changement quelconque à ce traité, était, on en conviendra, frappé d'une incapacité morale et constitutionnelle pour faire réviser utilement ce traité.

Malgré toute la prédilection du gouvernement anglais pour un ministère qui fait si bien ses affaires ici, il connaît trop positivement sa faiblesse pour n'en pas profiter. C'est ce qui arrive dans la nouvelle convention : elle ne résoud rien ; elle laisse le traité de 41 en suspens sur nos têtes comme un glaive menaçant, que l'Angleterre brandira toujours à nos yeux si nous ne sommes pas sages. C'est un atermoiement et non pas une solution. C'est un atermoiement onéreux, comme il l'est toujours pour un débiteur effrayé ; notre cabinet, souscripteur malheureux de cette malheureuse *traite*, s'estime trop heureux d'un ajournement consenti par un impitoyable créancier. Les États-Unis ont-ils mis tant de façons à exprimer, à pratiquer le principe de la dignité du pavillon ? Et cependant voilà que par l'article 8 de la nouvelle convention, nous sommes, ainsi que l'a démontré M. Dupin (1), engagés dans une association dangereuse avec l'Angleterre vis-à-vis des Américains. L'assimilation de la traite à la piraterie, selon le *droit des nations civilisées*, exclut par cela même de la *civilisation* les États-Unis qui refusent d'adopter cette assimilation. L'indépendance du pavillon, énergiquement défendue par eux, est subordonnée par le nouveau traité au concours de l'Angleterre. De là une complication périlleuse pour nous en principe et en exécution avec un allié aussi entreprenant que la Grande-Bretagne ; et si une collision éclate entr'elle et les États-Unis, ne nous trou-

---

(1) Séance de la chambre des députés du 27 juin 1845.

verons-nous pas compromis pour ainsi dire à notre insu contre nos propres principes, contre nos intérêts ?

Cette nouvelle convention maritime est donc pleine d'écueils, et la simple suspension qu'elle renferme de l'ancien traté satisferait bien à tort la vanité du ministère actuel, puisque cette amélioration a été conquise par la volonté persistante des chambres, sans lui, contre lui, malgré lui.

Ici, comme toujours, notre cabinet a été victime de sa faiblesse, de son anglomanie. La leçon dans cette dernière circonstance est moins dure, parce que les chambres françaises étaient derrière lui, le poussant par les épaules ; mais cette intervention incessante, énergique du Parlement dans une question diplomatique qu'il avait prise sous son patronage immédiat, par un sentiment de nécessité extrême, ne peut pas se renouveler dans toutes les questions étrangères. Ce n'est pas ainsi qu'on gouverne. Les chambres sont là pour surveiller le gouvernement, pour lui imprimer la direction politique qu'il doit suivre, et non pour traiter elles-mêmes avec les puissances étrangères. Si elles ont pris en main avec tant d'énergie et de continuité cette négociation, c'était par suite de cette défiance profonde que leur inspirait un ministère manifestement opposé à leur conviction.

Cette défiance éclate tous les jours dans toutes les discussions où il s'agit de l'honneur de la France au dehors. Sans doute la paix est un bien immense : c'est elle qui développe les intérêts agricoles, manufacturiers, les progrès industriels et intellectuels d'une nation grande et civilisée comme la nôtre, et je n'hésite pas à me déclarer un ami dévoué de la paix, un ennemi prononcé de la guerre, source impure de tous les maux de l'humanité, de tous les excès, de toutes les violences ; appel brutal à la force matérielle. Mais je suis convaincu que pour éviter la guerre, il faut ne pas paraître en avoir peur, et tout en la détestant ne pas la redouter en effet. Le courage, en un mot, pour les individus en particulier, comme pour les nations, consiste à voir le danger sans pâlir : c'est le plus sûr moyen d'y échapper ; et la fermeté de l'homme de cœur le protège mieux contre les injures que la lâcheté. On n'insulte pas l'homme modéré que l'on sait résolu à ne pas supporter l'insulte. L'honneur se trouve ici, comme toujours, d'accord avec l'intérêt. — C'est cette politique vulgaire, honorable que nous avons vue sans cesse sacrifiée par notre ministère : les États Unis, nos alliés naturels, sont abandonnés par nous en faveur de l'Angleterre dans la question du Texas. En Turquie, la France marche sur les talons de l'Angleterre.

En Grèce, un ministère ami de la France est violemment attaqué par l'ambassadeur britannique, et comme témoignage de *l'entente cordiale*, des injures sont adressées dans le parlement britannique à notre ministre en

Grèce, sans une seule observation de la part du ministère anglais sur les injures retentissantes à ses oreilles contre la France. En Espagne, nos intérêts sont combattus par l'Angleterre. Au Maroc c'est encore l'Angleterre qui a étouffé notre victoire, l'a faite avortée, dispendieuse et stérile pour nous : il n'y avait que le ministère du 29 octobre qui fût capable, sous les menaces de l'Angleterre, transmises par les dépêches de M. de Jarnac, de transformer en une sorte de défaite morale et pécuniaire un fait d'armes glorieux, glorieux comme tous ceux confiés au courage de nos braves soldats, de nos intrépides marins. Mais c'est dans l'Océanie que nous attendait la dernière humiliation ; c'est sur ces rochers arides des îles Marquises que devait échouer honteusement cette timide politique, battue partout par l'orgueil anglais; c'est à Taïti que nous avons été attaqués clandestinement, ouvertement par les missionnaires, par les agents de l'Angleterre; c'est là, que dans leur lointain exil, nos soldats, enfants de la mère-patrie, ont été égorgés par l'émeute anglaise, et pour prix d'un sang si précieux, nos chefs, nos officiers, les représentants de la France, qui, pour arracher leurs troupes au carnage, avaient usé du droit de légitime défense, ont été blâmés, désavoués tour à tour par notre gouvernement, et l'instigateur de la révolte, l'auteur des massacres, Pritchard, l'odieux Pritchard, reçoit de notre ministère une indemnité ! Quoi, encore Pritchard, diront les partisans, les complices du ministère. Oui, nous en parlons encore. Il serait en vérité par trop commode de sacrifier nos hommes et notre argent, de verser à pleines mains les trésors et le sang le plus pur de la patrie, et de détourner les yeux du sacrifice pour n'y plus penser. Non, non, ce souvenir, quoique vous disiez, s'attachera comme un remords à votre nom, à celui de vos complices dans cette œuvre d'iniquité. Ce souvenir ne saurait s'effacer : « Il y a de l'écho en France, quand on parle d'honneur et de patrie, » s'écriait un jour l'illustre général Foy. Ce cri d'un brave, vous lui rendez aujourd'hui de l'actualité : notre honneur, vous le perdez ! notre patrie, vous l'abaissez en face de l'étranger !

En résumé foulant aux pieds tous ces fragiles tissus de la pusillanimité ministérielle, constatons de bonne foi la vérité politique du gouvernement représentatif, engagé, plus qu'on ne pense peut-être, dans ces questions malheureusement trop graves et trop aggravées par un système désastreux.

La loi, l'essence du gouvernement représentatif, qui a toutes nos affections, toutes nos convictions, toutes nos espérances, c'est l'apparition successive au pouvoir de toutes les idées gouvernementales, débattues dans les chambres, et successivement victorieuses : c'est ainsi que chaque ministère doit représenter une idée, un système permanent dans son principe gouvernemental, accidentel dans son application aux circonstances au milieu desquelles la vie se passe, en considération desquelles elle se dirige. Le mécanisme du gouvernement représentatif le veut ainsi ; ses ressorts manœuvrent à l'aise sous cette loi ; sous une autre impulsion, ils se forcent, se faussent et s'oblitèrent. La sincérité du gouvernement sous lequel nous vivons, commande donc la successibilité systématique des théories politiques au maniement des affaires : c'est à ce prix que le pouvoir central et permanent, personnifié dans la monarchie constitutionnelle, conserve son immuabilité : c'est celle de l'astre autour duquel, dans l'organisation planétaire, tous les autres gravitent avec une heureuse mobilité.

Chaque ministère se succède donc sur l'horizon à la condition de représenter un point de vue nouveau : non-seulement chaque ministère, mais chaque homme d'état, doit personnifier en lui une pensée ; ces invidualités intellectuelles groupées et réunies constituent tel ou tel système que le pouvoir permanent doit, dans sa sagesse, appeler successivement à l'exécution de l'œuvre difficile qui lui est à toujours conflée. C'est le feu sacré qui brûle à perpétuité sur l'autel et qui ne doit jamais s'éteindre. L'élément vital de sa perpétuité, ce qui l'avive et l'entretient, c'est le courant des idées qui circulent dans le pays et l'animent : si vous l'isolez, si vous l'éloignez de ce fluide vivifiant, il languit et meurt. Tous les pouvoirs qui composent l'organisme constitutionnel sont donc intéressés à la régularité des mouvemens politiques.

Sous l'empire de ces observations qui n'ont rien, on le voit, de particulier à tel ou tel ministère, reconnaissons que le dernier avènement de M. Guizot au pouvoir avait, sauf les contradictions résultant de certains précédents personnels, ce caractère, cette signification d'un système brillamment inauguré par son talent. Ce système, c'était celui de la paix. A la netteté de ses premières conclusions, il se révélait tout entier ; à ses premiers pas, il annonçait sa marche..... *vera incessu patuit Dea*..... Je ne veux pas reprendre à cette époque une querelle épuisée ; je reconnais, moi aussi, dans de certaines proportions, l'autorité des *faits accomplis*. Mais en accordant une certaine valeur constitutionnelle au système personnifié dans M. Guizot, j'ajouterai, avec la même impartialité, que tout système fût-il bon, doit se préserver de l'exagération, vers laquelle il incline toujours, et par laquelle toujours il périt. C'est-là l'écueil sur lequel tout homme d'état doit sans cesse avoir les yeux ouverts, et sur lequel cependant il vient presque toujours et fatalement sombrer. — Cette faute est même ordinairement celle des esprits forts, qui ont le tort de se préoccuper trop exclusivement de leurs propres pensées, justes parfois, mais souvent trop absolues, trop carrées, si je puis ainsi parler, trop rarement émoussées, atteintes et modifiées au contact de l'opinion publique qui devrait être considérée, dit Mme de Staël, comme la conscience de l'état.

De ces réflexions, il résulte que le système de la paix, adopté par tous les hommes de bon sens, personnifié momentanément par M. Guizot, immédiatement exagéré par lui, s'est à l'instant même fourvoyé dans une impasse où il n'a trouvé que la guerre ou la soumission. Et comme à sa naissance il avait ingénuement avoué le mot d'ordre de sa politique, la paix; l'ennemi pénétra avec lui dans la place : elle était ouverte sans défense : elle était livrée sans coup-férir.

De là les excès impunément commis envers un système désarmé.

Le dernier anneau de cette chaîne dont il acceptait les étreintes, sorte de joug sous lequel il avait consenti à courber la tête, c'est Pritchard qui l'a forgé; c'est aussi lui qui l'a brisé par l'excès même de sa tension. Ce dernier mot d'une politique à outrance dans sa faiblesse même, l'a perdue, ruinée.

La persistance du cabinet en cet état, véritable état de siége, est inintelligible : ébranlé jusque dans ses fondements, il est battu en brèche, démantelé, ouvert de toutes parts.

Après avoir, pendant sa triste campagne, pris pour devise la faiblesse, la pusillanimité, serait-il tenté de prendre à son agonie un ton guerrier, et de mourir plutôt que de se rendre ? Lui, qui dans la dernière discussion sur l'adresse comme dans celle du droit de visite, portait si haut la tête, est-il devenu tout à coup si humble, qu'il marchande mesquinement quelques voix de plus à ses trois voix de majorité? Lui qui, avec des airs fanfarons, menaçait de sa retraite le parlement, s'il n'en obtenait pas un concours ferme, complet, considérable, comment ne rougit-il pas de disputer encore à la chambre ses trois voix qui, jusqu'au dernier jour de cette session, lui ont prêté un reste d'existence. Cette résistance prolonge son agonie sans espérance et sans honneur : la plus simple négociation est impossible au dehors; l'expédition même des affaires intérieures est paralysée : il végète, il languit, il sème autour de lui la confusion, la défiance ; tout est suspendu.

Dans cette situation, qu'y a-t-il à faire ? Quel parti prendre ? Je crois que la vie politique est, comme la vie humaine, soumise aux influences atmosphériques, aux changements de température politique; que chaque époque, en un mot, porte avec elle ses nécessités, ses actualités. Eh bien ! aujourd'hui, non-seulement la chute du cabinet est rendue imminente par l'état des esprits au-dedans et au-dehors de la chambre, mais le ministère successeur semble désigné à l'avance.

L'opposition de gauche est désintéressée dans la question; M. Thiers lui-même se reconnaît, quant à présent, hors de cause. Mais à côté de

M. Thiers un travail de fusion s'est opéré entre des opinions jusque-là éloi-
gnées et fort heureusement rapprochées aujourd'hui.

Que le cabinet actuel, si injustement ennemi des *coalitions*, qualifie et
fasse par ses organes qualifier d'intrigue ce rapprochement salutaire, rien
de plus naturel : tous ses adversaires sont à ses yeux de mauvais citoyens.
Mais dans la vérité des faits, la combinaison prévue, et pour ainsi dire acceptée d'avance, résulte de son opportunité même. Il y a dans l'opposition
une partie plus voisine du pouvoir, qui déjà s'y est associée une fois ; elle
en a déjà ressenti l'influence, le contact ; elle est devenue, dit-on, par cette
épreuve un peu plus gouvernementale ; au point de vue pratique des affaires, elle comprend qu'elle ne peut occuper toute seule le pouvoir ; elle est
dès lors toute prête à quelques transactions pour s'en rendre possible l'oc-
cupation et la *conservation*. Le parti *conservateur*, de son côté, mutilé
de ses propres mains, se divise : une portion que je crois, que j'appellerai
saine, se sépare de *l'autre*. Cette défection considérable, par la qualité
du moins des membres qui la composent, joue ici un rôle important, répond à une éventualité sérieuse ; après la retraite, je devrais dire après
l'expulsion du ministère actuel, car il faudra vraisemblablement en venir
là, le ministère nouveau doit nécessairement compter avec le parti conservateur ; c'est alors que les chefs de ce parti qui aujourd'hui refusent de suivre M. Guizot jusqu'aux fatales limites de sa politique, rappelleront à eux
e parti conservateur aujourd'hui décimé, mais bientôt rallié à la voix
connue de ses anciens généraux.

Quant à présent, si ces chefs dissidents sont aujourd'hui séparés du parti
conservateur, c'est sans doute qu'ils ressentent en eux-mêmes un certain
retentissement de l'opinion publique, c'est qu'ils sont plus sensibles que
les ministres actuels aux susceptibilités nationales, c'est qu'ils sont plus
chatouilleux eux-mêmes sur le point d'honneur, c'est qu'ils prêtent une
oreille plus facile aux légitimes réclamations de progrès, d'améliorations
sociales ; c'est qu'ils reconnaissent que le moment est venu d'une halte dans
ces concessions à l'étranger, et de quelques pas au contraire dans la voie
des concessions intérieures. Ce programme, comme on peut le voir, rap-
proche ses auteurs de la partie de l'opposition dont nous parlions tout-à-
l'heure, et qu'on désigne sous le nom de centre gauche. Cette partie leur
paraît plus gouvernementale, et voisinant avec elle sur le terrain que nous
venons d'indiquer, ils voient dans ces parages de belles conquêtes à faire,
de beaux talents à rattacher à la cause gouvernementale, et la prochaine
victoire devient ainsi le prix et la sanction d'une alliance que les circonstances expliquent et favorisent. C'est ainsi que l'honorable chef de la gauche envisage cette question. Dans son bureau, réuni pour la discussion des

fonds secrets, M. Odilon Barrot protesta contre la politique immobile ; il déclarait vouloir, avant tout, le progrès et être disposé à appuyer un nouveau ministère, dans l'espérance d'un progrès, à moins que le contraire ne lui fût démontré par la conduite de ce nouveau ministère. Cette pensée est la nôtre : nous regardons dans les circonstances actuelles comme un progrès la chute du cabinet, sauf à établir nos comptes avec le ministère appelé à remplacer celui-ci. Que M. Guizot quitte donc le pouvoir sans crainte et sans regret : la France ne sera pas perdue après lui. Sa succession est ouverte, et s'il meurt intestat, il aura néanmoins des héritiers qui peuvent à l'avance le rassurer sur les destinées d'un pays qui ne périra pas pour n'être plus gouverné par lui.

fonds secrets, M. Odilon Barrot proteste contre la politique détestable ; il déclarait vouloir, avant tout, le progrès et d'être à même d'appuyer un nouveau ministère ; d'où l'espérance d'un progrès, à moins que le contraire ne lui fût démontré par la conduite de ce nouveau ministère. Cette pensée est la nôtre : nous regardons dans les circonstances actuelles comme un progrès la chute du cabinet, sauf à établir nos confiances avec le ministère appelé à remplacer celui-ci. Que M. Guizot quitte donc le pouvoir sans crainte et sans regret : la France ne sera pas perdue après lui. Sa succession est ouverte, et s'il meurt un état, il aura légué à notre désolation qui pourront à la France le rétablir sur les désastres d'un siège qui ne périra pas pour n'être plus gênante par lui.

J. F.